AF349802

21 Mai 87.

VENTE DU SAMEDI 21 MAI 1887

à deux heures

HOTEL DROUOT, SALLE N° **6**

TABLEAUX MODERNES

FAIENCES DE PERSE

BRONZES ET OBJETS DE L'ORIENT

Composant la Collection de M. A. R. Q.

AMEUBLEMENT EN MARQUETERIE

PIANO A QUEUE — TAPIS DE PERSE — MEUBLE LOUIS XIII

PIANISTA

EXPOSITION

Le Vendredi 20 Mai 1887, de 1 heure à 5 heures

COMMISSAIRE-PRISEUR	EXPERT
Mᵉ LÉON TUAL	**M. B. LASQUIN**
56, rue de la Victoire, 56	12, rue Laffitte, 12

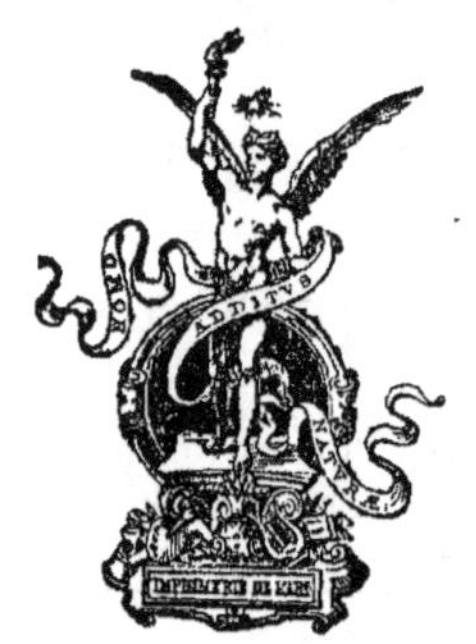

VENTE DU SAMEDI 21 MAI 1887

à deux heures

HOTEL DROUOT, SALLE Nº **6**

TABLEAUX MODERNES

FAIENCES DE PERSE

BRONZES ET OBJETS DE L'ORIENT

Composant la Collection de M. A. R. Q.

AMEUBLEMENT EN MARQUETERIE

PIANO A QUEUE — TAPIS DE PERSE — MEUBLE LOUIS XIII

PIANISTA

EXPOSITION

Le Vendredi 20 Mai 1887, de 1 heure à 5 heures

COMMISSAIRE-PRISEUR	EXPERT
Mº LÉON TUAL	**M. B. LASQUIN**
56, rue de la Victoire, 56	12, rue Laffitte, 12

CONDITIONS DE LA VENTE

Elle sera faite *expressément* au comptant.

Les Acquéreurs paieront CINQ POUR CENT en sus des adjudications, applicables aux frais de la vente.

L'Exposition mettant les acquéreurs à même de se rendre compte de l'état et de la nature des objets, il ne sera admis aucune réclamation une fois l'adjudication prononcée.

Paris. — Imp. de l'Art, E. MÉNARD et J. AUGRY, 41, rue de la Victoire.

DÉSIGNATION DES OBJETS

1 — **Aridas.** Fruits.

2 — **Balting.** Paysage.

3 — **Barillot (L.).** Marine.

4 — **Bisson (Édouard).** L'Embuscade.

5 — **Boudier (E.).** Paysage d'Auvergne.

6 — **Boudier (E.).** La Sortie du troupeau.

7 — **Boutigny.** Rue de Rouen.

8 — **Brantot.** Nymphe et Amour.

9 — **Brunet.** La Mendiante.

10 — **Céramano.** Moutons au pâturage. Deux pendants.

11 — **Chabod.** Fleurs des champs.

12 — **Clouet.** Natures mortes. Deux pendants.

13 — **Cortès.** Vaches au pâturage.

14 — **Cottin.** Volatiles.

15 — **Delaplanche.** Bords de rivière.

16 — **Denis.** Pêches et prunes.

17 — **Deyrolle.** Idylle.

18 — **Engler.** Repos de chasse.

19 — **Fouace.** Le Retour du pêcheur.

20 — **Fouace.** Déjeuner.

21 — **Genix.** Falaises.

22 — **Grivolas.** Marguerites.

23 — **Grivolas.** Bourriche de pensées.

24 — **Guéris.** Le Chemin de l'école.

25 — **Guillou.** La Becquée.

26 — **Hyon (G.).** Convoi militaire à travers les neiges.

27 — **Hyon.** Charge de cuirassiers.

28 — **Lasellas.** Marchande de fleurs.

29 — **Lebas (H.).** Cerfs sous bois.

30 — **Le Marié des Landelles.** Chemin sous bois.

31 — **Le Sénéchal.** Vue du Tréport.

32 — **Robin.** Bords de la Loire.

33 — **Roux** (**Paul**). Le Pont des Arts.

34 — **Smith.** Italienne à la fontaine.

35 — **Stella** (Attribué à). Bergers.

36 — **Tourny.** Aiguière orientale et nature morte.

37 — **Tauzin.** Le Nid.

38 — **Valadon.** Jeune Garçon endormi.

39 — **Vallée.** Deux paysages.

40 — **Villain.** Nature morte.

41 — **Villain.** Pommes.

42 — **Zier** (**Édouard**). Intérieur d'artiste, à Pompei.

43 — **École française.** Vénus et l'Amour. Forme ovale.

44 — **Moreau.** Paysage. Gouache.

45 — Gravures anciennes.

FAIENCES DE PERSE

46 — Très joli plat rond en ancienne faïence de Perse émaillée en couleurs, le fond décoré d'une large rosace d'arabesques, et la bordure de trois groupes d'oiseaux alternés par des fleurs.

47 — Deux plats en ancienne faïence de Perse, à
décor bleu avec figures dans le style chinois.

48 — Grand plat rond en ancienne faïence de Perse,
à décor bleu, de style chinois.

49 — Deux plats ronds en ancienne faïence de
Rhodes décorés d'œillets en couleurs.

50 — Coupe ronde sur pied élevé, en faïence de
Perse, décorée de figures de cavaliers.

51 — Trois petits compotiers et deux soucoupes en
faïence de Perse, à décor bleu.

52 — Plaque de revêtement en faïence de Perse,
décorée en couleur d'une figure de cavalier.

53 — Vase en forme d'éléphant, en faïence de Perse.

54 — Deux grands vases ovoïdes en faïence de Perse
bleu turquoise, à décor en relief à figures et
ornements.

FAIENCES ET PORCELAINES DIVERSES

55 — Grand plat rond en ancienne faïence de Mous-
tiers, à décor polychrome à fleurs, avec sujet de
deux figures au centre.

56 — Plat en faïence de Savone, à décor bleu avec
sujet au centre.

57 — Deux plats en faïence italienne, décorés de figures.

58 — Plaque rectangulaire en ancienne faïence de Castelli, représentant la Sainte Famille.

59 — Deux assiettes en faïence de Marseille, et une en faïence de Strasbourg.

60 — Grand cornet en vieux Chine de la famille verte, à fleurs et figures.

61 — Bouteille en porcelaine de Chine gros bleu.

62 — Bol en vieux Chine émaillé en rose.

BRONZES — OBJETS D'ORIENT — CURIOSITÉS

63 — Grand brûle-parfums en ancien bronze de la Chine, à deux anses formées de flammes et à couvercle surmonté d'une chimère dorée.

64 — Cuivres persans : aiguières, vases et coupes

65 — Armes orientales : kriss malais, yatagans, masses d'armes, dont plusieurs garnies en argent.

66 — Coffret en mosaïque persane.

67 — Grand et beau guéridon en bois, incrusté d'ornements et de figures en ivoire et en bois, avec pied sculpté à jour. Travail de Ning-Po.

68 — Objets d'étagère : perdrix en émail cloisonné de Chine, coupes, divinités indiennes en cuivre, netzkés japonais en ivoire.

69 — Grande cannette allemande en cuivre.

MEUBLES

70 — Meuble Louis XIII à deux corps en noyer, incrusté de nacre, d'ivoire et de filets de cuivre, à décor de fleurs-arabesques.

71 — Piano à queue en ébène, incrusté de cuivre et de nacre, de Boisselot.

72 — Piano.

73 — Pianista.

74 — Tapis et carpettes d'Orient anciens, de dessins et de dimensions variés.

75 — Meubles divers.